I0606329

CACHORROS DE bulldog francés

David y Patricia Armentrout
Traducción de Sophia Barba-Heredia

Un libro de El Semillero de Crabtree

ÍNDICE

Apoyos de la escuela a los hogares para cuidadores y maestros

Este libro ayuda a los niños en su desarrollo al permitirles practicar la lectura. Abajo están algunas preguntas guía para ayudar al lector a fortalecer sus habilidades de comprensión. En rojo hay algunas opciones de respuesta.

Antes de leer:

- ¿De qué pienso que tratará este libro?
    - *Pienso que este libro es sobre cachorros de bulldog francés.*
    - *Pienso que este libro es sobre ser amigos de los cachorros de bulldog francés.*
- ¿Qué quiero aprender sobre este tema?
    - *Quiero aprender si quiero un cachorro de bulldog francés.*
    - *Quiero aprender de qué color son los cachorros de bulldog francés.*

Durante la lectura:

- Me pregunto por qué...
    - *Me pregunto por qué los cachorros de bulldog francés tienen caras aplastadas.*
    - *Me pregunto por qué las orejas de los cachorros de bulldog francés se mantienen paradas.*
- ¿Qué he aprendido hasta ahora?
    - *Aprendí que los cachorros de bulldog francés se parecen a sus padres.*
    - *Aprendí que a los cachorros de bulldog francés les gusta la gente.*

Después de leer:

- ¿Qué detalles aprendí de este tema?
    - *Aprendí que los cachorros de bulldog francés son buenas mascotas.*
    - *Aprendí que los cachorros de bulldog francés son de diferentes colores*
- Lee el libro una vez más y busca las palabras del vocabulario.
    - *Veo la palabra **Francia** en la página 3 y la palabra **hocicos** en la página 8. Las demás palabras del glosario están en las páginas 22 y 23.*

Cachorros de bulldog francés

El bulldog francés viene de **Francia**.

Los bulldog franceses a veces son llamados *frenchies*.

Las mamás frenchie usualmente tienen tres cachorros en una **camada**.

Los cachorros se parecen mucho a sus padres.

Tienen **hocicos** planos.

Sus grandes orejas se mantienen alzadas.

El **pelaje** de un bulldog francés es corto.

Los colores comunes son blanco, negro, **atigrado** y beige.

Como la mayoría de los cachorros, los cachorros de bulldog francés aman jugar.

Un juego de atrapar o de estira y afloja es buen ejercicio.

A los frenchies les encanta estar en compañía de la gente.

¡Su dulce **naturaleza** los hace grandes amigos!

Glosario

atigrado: El atigrado es un color café con rayas de otros colores.

camada: Una camada es un grupo de perros u otros animales nacidos al mismo tiempo de una madre.

Francia: Francia es un país en Europa.

hocicos: Los hocicos incluyen la nariz, boca y mandíbulas de la cabeza de los animales.

naturaleza: La naturaleza de un animal es la forma usual en la que actúa.

pelaje: El pelaje de un animal es su pelo.

Índice analítico

Sobre los autores

David y Patricia Armentrout

David y Patricia pasan todo el tiempo que pueden jugando con Gimli, Artie y Scarlett y cuidándolos. Son sus tres queridos perros de familia.

Sitios Web (páginas en inglés):

www.akc.org/dog-breeds/best-dogs-for-kids
www.goodhousekeeping.com/life/pets/g5138/best-family-dogs

Written by: David and Patricia Armentrout
Designed by: Jennifer Dydyk
Editor: Kelli Hicks
Proofreader: Crystal Sikkens
Translation to Spanish: Sophia Barba-Heredia
Spanish-language layout and proofread: Base Tres
Print and production coordinator: Katherine Berti

Photographs: Cover: shutterstock.com/Liliya Kulianionak. background art shutterstock.com/ Dreamzdesigners. Title Page: istock.com/JStaley401. Pages 2-3: istock.com/eliaaa. Pages 4-5: shutterstockc.om/Alice Rodnova. Pages 6: shutterstock.com/Patryk Kosmider Pages 7: shutter stock.com/Unchalee Khun. Pages 8-9: istock.com/fotokostic. Pages 10: shutterstock.com/cynoclub. Pages 11: shutterstock.com/dodafoto. Pages 12-13: shutterstock.com/Little Hand Creations. Pages 14-15: istock.com/JStaley401. Pages 16-17: shutterstock.com/TingHelder. Pages 18-19: shutterstock.com/Monkey Business Images. Pages 20-21: istock.com/VVPhoto and DuxX. Page 22 middle photo shutterstock.com/ Sbolotova, map shutterstock.com/seamuss

Library and Archives Canada Cataloguing in Publication
Title: Cachorros de bulldog francés / David y Patricia Armentrout ; traducción de Sophia Barba-Heredia.
Other titles: French bulldog puppies. Spanish
Names: Armentrout, David, 1962- author. | Armentrout, Patricia, 1960- author. | Barba-Heredia, Sophia, translator.
Description: Series statement: Cachorros amigos | Translation of: French bulldog puppies. | Includes index. | "Un libro de el semillero de Crabtree". | Text in Spanish.
Identifiers: Canadiana (print) 20210246707 |
Canadiana (ebook) 20210246715 |
ISBN 9781039619937 (hardcover) |
ISBN 9781039619999 (softcover) |
ISBN 9781039620056 (HTML) |
ISBN 9781039620117 (EPUB) |
ISBN 9781039620179 (read-along ebook)
Subjects: LCSH: French bulldog—Juvenile literature. | LCSH: Puppies—Juvenile literature.
Classification: LCC SF429.F8 A7618 2022 | DDC j636.72—dc23

Library of Congress Cataloging-in-Publication Data
Names: Armentrout, David, 1962- author. | Armentrout, Patricia, 1960- author.
Title: Cachorros de bulldog francés / David y Patricia Armentrout ; traducción de Sophia Barba-Heredia.
Other titles: French bulldog puppies. Spanish
Description: New York, NY : Crabtree Publishing, [2022] | Series: Cachorros amigos - un libro el semillero de Crabtree | Includes index.
Identifiers: LCCN 2021027910 (print) |
LCCN 2021027911 (ebook) |
ISBN 9781039619937 (hardcover) |
ISBN 9781039619999 (paperback) |
ISBN 9781039620056 (ebook) |
ISBN 9781039620117 (epub) |
ISBN 9781039620179
Subjects: LCSH: French bulldog--Juvenile literature. | Puppies--Juvenile literature.
Classification: LCC SF429.F8 A7618 2022 (print) | LCC SF429.F8 (ebook) |
DDC 636.72--dc23
LC record available at https://lccn.loc.gov/2021027910
LC ebook record available at https://lccn.loc.gov/2021027911

Crabtree Publishing Company
www.crabtreebooks.com 1-800-387-7650

In Canada: We acknowledge the financial support of the Government of Canada through the Canada Book Fund for our publishing activities.

Published in the United States
Crabtree Publishing
347 Fifth Avenue, Suite 1402-145
New York, NY, 10016

Published in Canada
Crabtree Publishing
616 Welland Ave.
St. Catharines, Ontario L2M 5V6

Printed in Canada/052023/CPC20230516